gedankendichte

ralf rainer reimann

gedankendichte

ralf rainer reimann

gedichte 1973–1980

meinen eltern

1

den frieden
der seele
finden
in mir

um frieden
zu tragen
nach außen
zu dir

ich kann
die gesetzmäßigkeiten
dieses lebens
nicht durchschauen
obwohl ich ihnen
unterliege –

ich kann
nur
schritt für schritt
stück für stück
von mir entdecken
                    aufdecken
um so
das gesamte
verstehen zu lernen –

wo es mich hinführt
weiß ich
nicht

es
kostet kraft
nichts zu tun
dagegen
und nur
zu ertragen
mitzuleiden
ohne
zu handeln

auf meinem weg
zu mir
bin ich oft
über mich
gefallen –

ich habe
mich
nicht gesehen

1

stelle dir vor:

jede sekunde
ist ein raum

den du betreten kannst
oder
an dem du vorbeigehen kannst

2

stelle dir vor:

daß es da
wo du gerade bist
kein woanders gibt
damit du durch den vergleich
nicht den augenblick vergißt

3

stelle dir vor:

daß du gerade da bist
wo du bist
damit du nicht
da bist
wo du gerne sein möchtest

ich
allein –

um mich
zuviel geselligkeit
um nicht
allein bleiben
zu wollen

die angst vor anderen
ist die angst
vor dem anderen
in mir

meine liebe
ist zerstört worden
von der angst
sie zu verlieren

die tage
die mir verloren
schienen
waren
der weg
den ich
nicht leben konnte
weil
ich nur
das ziel
erreichen wollte

wir würden manchmal
lieber das tun
was gerade
nicht möglich ist
und wenn
wir es dann tun können
ist
der reiz verloren

ist nicht –
was uns immer wieder
antreibt
die hoffnung
etwas tun zu können
was wir gerne machen werden

wir schaffen uns
immer neue hoffnungen

ohne zu merken
daß wir
von einer enttäuschung
in die andere
kommen

getrieben
von äußeren
umständen
sich entfremden –

die änderung
der umstände
verändert
noch nicht
die lebensweise

hat mich die sonne
vergessen

ich tue doch meine
pflicht

wo ist die wolke
die mein leben
verdunkelt

oder

stehe ich nur
in meinem eigenen
schatten

und die
gedanken
die mich haben
entreißen
mich mir
um mich
durch mich
zu mir
zu führen

gestern abend
habe ich
mein altes leben
weggeworfen

zerknüllt war es
fettig gebraucht
wie butterbrotpapier

ich habe es lang mit mir
herumgetragen

geblieben ist nur
eine kleine beule
die es in meiner tasche
hinterlassen hat

eigentlich
muß ich denen
dankbar sein
die immer wieder
das bild
das ich mir
von mir
gemacht habe
zerstören

ich kenne das:
wenn ich mich
beschäftige
mit irgendetwas
nur um mich
zu beschäftigen

ich kenne das:
wenn ich etwas
sage
belangloses
nur um etwas
zu sagen

ich kenne diese zeiten
in denen ich
ehrlicher
näher bei mir
gewesen wäre

wenn ich
schweigend
nichts getan hätte

es
gibt
keine
negative
erfahrung

nur
die unfähigkeit
erfahrung leben zu können

manchmal
wenn es schon tagelang
geregnet hat

dann scheint es mir
als wäre ich eins
mit dieser welt –
in dieser welt

manchmal
wenn die sonne
schon lange zeit zu scheinen
scheint
keine wolke
zu sehen ist

dann denke ich
daß ich
nicht in dieser welt bin

die sehnsucht
nach ruhe
ist die flucht
vor dem
auf und ab
des lebens
in eine
gleichförmige
keine kraft kostende
langeweile
ohne höhen
und tiefen

– nein –
sagen lernen
damit das
– ja –
sagen meint
was es sagt

– ja –
sagen lernen
damit das
– nein – sagen
– nein –
bedeutet

schnell noch:
unter menschen gehen
bevor es
nacht wird
und ich allein bin

schnell noch:
unbekannte sehen
ohne nähe

schnell noch:
ein bißchen leben
ohne leben
damit ich
es ertragen kann
morgen
das leben

stehen bleiben
bis es dir klar ist –
da wo du bist
stehen bleiben:
        nicht weitergehen
        nicht übergehen
        nicht umgehen
stehenbleiben
bis es dir klar ist
bis die entscheidung
gefallen ist –

so oder so

2

zeit nehmen –
mir
für mich

zeit lassen –
dir
für dich

zeit geben –
uns
für uns

und dann
hat sich plötzlich das
was du tust
verselbständigt
und geht seinen eigenen weg
ohne dich –
getragen von den gesetzen
der anderen

und dann
siehst du
daß du
die gesetze der anderen
nicht zu
deinen eigenen
machen kannst
wenn du
du bleiben willst
daß du dich
ausschließen mußt
aus der
gemeinschaft der entfremdung
um außerhalb von ihr
aber durch sie
zu dir
zu kommen

da gehen
energien in die
falsche richtung
fehlgeleitet
irgendwohin
verschwendet
laufen sie
in die unwichtigkeit ab

und du
umgeleitet
mitentführt
läufst hinterher
kannst den
weg nicht mehr
bestimmen
der dich geht

und
lebst ihn

ohne kraft

ich komme
sehe mich um
wie immer –
werde angesehen
wie immer stehe da
wie immer andere leute
trotzdem –
ein blick hält länger
ein lächeln

kurz genug um anders zu sein
lang genug um vertraut zu sein

es ist
einfach
wenn du dich
abwendest
von dem
was dir nicht
paßt –

dein
verständnis
für andere
ist
das maß
deiner eigenen
nähe

du merkst
es nicht
zwischen
all den leuten
jeden tag
bist du allein –

dann
irgendwann
merkst du es
zwischen all den leuten
und du wärst
am liebsten
allein

warum siehst du weg
wenn du siehst
daß du mich siehst
und ich sehe:
ich sehe dich an
obwohl du wegsiehst
ich habe dir
nichts getan
weil du mir etwas
getan hast
siehst du dich wegsehen
obwohl ich mich dich ansehen sehe
kannst du es nicht ertragen
dich wegsehen zu sehen
und du siehst weg

was dich begrenzt
ist die flucht
vor dir
in das
was du
nicht überwunden hast

du bist
den anderen weg
gegangen
deinen
den ich nicht
gehen konnte
weil ich
meinte
daß er mich
erschlägt
in seiner grobheit

ich bin
meinen weg
gegangen
in mich
weil ich meinte
mich besser zu kennen

meine grobheit
hätte mich
fast
erschlagen

ich bleibe nicht

versuch mich nicht zu halten
wenn ich gehe

damit ich bleibe
wenn du mich brauchst

hör auf
ich will es nicht hören

ich will nicht hören
was andere leute dir
erzählt haben

solange du dich
nach ihnen richtest

ich weiß
daß ich es schwer ertragen kann
wenn du
mich auf einen fehler
aufmerksam machst

und je heftiger
ich darauf reagiere
um so mehr
hast du recht
mit dem

was du sagst

du hast
viel erzählt

von
erlebtem
vergangenem

und ich habe
dir
lange zugehört

aber ich glaube
du hast es garnicht
mir
erzählt

du hörst viel zu viel
auf das
was du nur sehen solltest

du siehst viel zu viel
nach dem
was du nur hören solltest

du redest viel zu viel
über das
was du nur denken solltest

es ist alles nicht so
wie du dir das vorgestellt hast
und du bist enttäuscht

und siehst nicht
daß du es nie erreichst
dieses ideale

so wie du es dir vorgestellt hast
wird es sicher nicht sein

warum machst du mir
vorwürfe
was ich mache
was ich lasse
oder sage
warum läßt du mich nicht
leben
wie ich es will
und siehst nach allem
was ich mache

ist es
weil du dein leben
nicht leben kannst

du meinst
es gut mit mir
aber:

ich bin
nicht undankbar
wenn ich es
nicht will

ich weiß
daß die tür
verschlossen ist
unten
und ich lasse dich
trotzdem
gehen

ich weiß
daß du
wiederkommen mußt

und
daß wir
dann
wieder
miteinander
reden können

du machst
es mir nicht leichter
wenn du das
was gesagt werden muß
nicht sagst
nur
um mir nicht
weh zu tun

frag nicht
was denkst du
wenn ich bei dir bin
und nicht rede
geh nicht
setz dich neben mich
und höre
meinem
schweigen
zu

du
hast neben ihm
gestanden
und mich
begrüßt
als ob *wir*
nicht zusammen gehörten

– grüß dich –
hast du zu mir gesagt
und es hat
geklungen wie:

– was willst
du denn hier –

es geht auch anders habe ich zu ihr gesagt
wenn du nicht willst – gut dann eben nicht
ich bin doch nicht blöd und
ich kann noch ganz anders

dann habe ich mir hastig meinen mantel angezogen
habe die tür zugeschlagen
und bin gegangen
wütend
über die stiege
                    hölzernd
                              knarrend
                                        zwei stockwerke
und als ich unten war der steinboden
kalt und hallend
stand ich eine zeitlang da
die hände in den taschen

und dann habe ich ein wenig gelacht
und nocheinmal

bin langsam zur treppe
und hinauf über die hölzerne ausgetretene knarrende stiege

und ich habe gelacht
und bin hinauf
immer schneller zwei stufen auf einmal drei

knarrend ausgetreten hölzernd lachend

die tür war schon offen

einen moment stand ich da –
dann bin ich hineingegangen
langsam – erst den kopf
unschuldig vorsichtig

sie hat gelacht
komm hat sie gesagt gehn wir

ich möchte
deine gedanken
kennen
um zu wissen
was du denkst
wenn du mich
so ansiehst
wie du mich
ansiehst

ich will einfach mal darüber reden –
es muß endlich heraus:
ich verlange ja nicht soviel
aber es müßte doch nicht unbedingt sein –

natürlich habe ich es ihr gesagt
traurig war sie
ganz still ist sie geworden
und das war noch viel schlimmer

also habe ich es ertragen
– nichts mehr gesagt –
es blieb alles beim alten –

aber irgendwann muß es einfach heraus
ich muß einfach einmal darüber reden –

dann
ertrage ich es ja wieder

wenn
ich sage
was denkst du
will ich nicht hören
was du denkst

sondern
was ich hören will

wenn
ich sage
bleib
will ich nicht
daß du bleibst

sondern
daß ich nicht alleine bin

wenn
ich sage
ich liebe dich
liebe ich nicht
dich

du hast
aufgehört
mich zu lieben
als du
nicht mehr
ohne mich
leben konntest

ich werde
verstehen
später
und dir
dann sagen
warum ich
heute
so gehandelt habe
ohne es
zu verstehen

schade –
ja – schade
es wird
schwer werden
ich weiß –
ohne dich

aber
wenn wir uns helfen
wird es leichter sein

gemeinsam
werden wir es
schaffen:
wieder allein
zu sein

eigentlich war alles selbstverständlich –

daß wir miteinander sprachen
gemeinsam nachdachten
zusammen lachten
uns stritten
liebten

eigentlich war alles selbstverständlich –

nur das ende nicht

wenn eines tages deine welt
dein glück
deine liebe
zusammenbricht
dann wirst du dir aus den trümmern
ein neues leben bauen
und eines tages wirst du merken
daß es wieder nicht deine welt ist
dann siehst du
daß deine welt
die welt von anderen ist

und du hast die möglichkeit
der entscheidung

die einsamkeit
eines morgens:

sich ertragen
zu müssen –

es gibt
    nichts
    was dich
    ablenken könnte
    von dir –
nur deine gedanken
die dir
leer erscheinen
schwach – hilflos
die dich nicht tragen –
        du erlebst
        deine grenzen
        ertragen zu lernen

den kopf zwischen den schultern
hängen lassen
daran denken

kannst du vergessen
wenn du dich erinnerst
übersehen solange du erkennst

lauf nicht weg vor dir
du holst dich nicht ein

du hast angst
sagst du
und meinst

daß du dich
an etwas gewöhnt
hast

ja
es war
eine schwere zeit
gewesen –

weltschmerz
so sagt man wohl
dazu

nein –
ich habe
mich nicht
zusammengerissen –

gut –
ich war nicht
ansprechbar
ich wollte meine ruhe

wenn du so willst
habe ich mich darin
gebadet

aber es war anders –
ganz anders

ich habe es durchlebt – erlebt

nein nicht auf deine kosten
nur –
vielleicht
gegen deinen egoismus

wir gingen schon eine zeitlang nebeneinander –

schön ist das wetter heute wieder
ja der sommer sei dies jahr sehr schön

wir gingen eine zeitlang nebeneinander –

aber die mücken die fliegen sehr lästig
das wär' immer so nach einem warmen winter
sollte man sich nun über einen lauen winter freuen
hm
einerseits aber andererseits

wir gingen eine zeitlang nebeneinander –

ob er auch einen kleinen ausflug zum altersheim mache –

nein –
was er denn da solle
bei diesen alten
sie würden einem ja doch nur die ohren volljammern
wie hart das leben sei
die menschen
die arbeit –
daß nichts übrigbleibt
nur schmerzen und einsamkeit
und daß es ja nun bald soweit sein würde –
aber man hätte seine pflicht getan und darauf käme es an –
man hätte seine pflicht getan –

nein nein da hätte er nichts verloren

ja sagte ich leise und noch einmal ja

und ich ging etwas schneller

es ist
schwer
für ihn –
ich weiß

aber du
leidest
nur darunter
weil du dich
davor fürchtest
es könnte dir
genauso
ergehen

du hast
über ihn
geredet
als ob du ihn
nie näher
gekannt hast –

du hast
ihn
schlecht gemacht
damit du dich
besser fühlen konntest
als er

so etwas
hätte ich nie gemacht
an deiner stelle
so etwas –

so etwas
hätte ich nie gesagt
an deiner stelle
so etwas –

ich
habe gehört
was
du gesagt hast

es waren
große worte
dabei –

zu große
für das
was
du sagen wolltest

du hast mir erzählt
was man dir gestern erzählt hat

und wie lächerlich es sei
über so etwas zu reden

wenn
du
meine
rücksicht
als dummheit
auslegst
wird
diese dummheit
keine rücksicht
mehr
auf dich
nehmen

wenn
du von mir
nichts annehmen kannst

dann
wirf mir nicht vor
ich würde
nur nehmen
nichts geben

dein
stolz auf dich
zeigt dir
daß du
keinen grund
dazu hast

die
anderen
in deiner umgebung
die dich
verurteilen
wenn du dich
entfernst
von ihnen

– es geht ihnen
nicht um dich –

3

die zeichen erkennen
und sehen

wo zeichen gesetzt
    werden müssen

in dieser zeit

wir werden die trostlosen wände
vergessen lassen
wie sie sind –

damit sie uns
nicht hindern

wenn wir sie überwinden

eine gruppe jungen
eine gruppe jungen die durch eine allee geht
ein anführer
zigaretten
große worte
eine gruppe jungen die hinter ihm geht

ein kleines lebensmittelgeschäft
ein lachender anführer der darauf zugeht
eine lachende gruppe jungen
die darin verschwindet
eine allee die stumm bleibt

eine gruppe männer
eine gruppe männer die vor einem haus steht
ein mann in der mitte
zigaretten
große worte
eine gruppe männer um ihn herum
ein mann der sich lachend zum gehen wendet
eine gruppe männer die ihm lachend nachfolgt
ein haus das nicht einstürzen will

jeden morgen
bist du
vorbeigegangen
an den
mit roter farbe
beschmierten wänden

und hast dich
geärgert

als man dir
ein flugblatt
in die hand gab
hast du es
sofort
zerknüllt
in den nächsten
abfalleimer geworfen

als sie dich ansprachen
und dir von
ihren idealen erzählten
hast du abgewunken
und gelacht
über sie

als die anderen
dich eines morgens abholten
vorbei an den
rot beschrifteten wänden
hast du
das erste mal gelesen
was dort stand
und hast dich
noch lange
danach umgedreht

als sie dir
ein flugblatt
in die hand gaben
und dich fragten
ob du es kennst
hast du es
das erste mal gelesen

als sie dich
verhörten
dich beschimpften
anschrien
erpreßten
ob das deine ideale sind
ob du zugibst
zu denen zu gehören

hast du dagesessen
im grellen schein der lampen
und hast lachend
geweint

und die
die an die macht kamen
hatten keine macht
etwas zu ändern
denn die anderen
hatten mehr einfluß

und die anderen
kamen und sagten:
laßt uns nur machen
wenn wir
die macht haben
werdet ihr sehen
es wird alles anders werden

und sie sagten:
ihr seht ja
was die fertiggebracht haben
es geht uns schlechter
als es uns je ging

und leise sagten sie
so daß es niemand hörte:
wir haben ja auch
alles getan
damit es so wurde

aber die
die das nicht
hören sollten
hatten es gespürt
und
sie hatten die wahl

und wenn sie zu dir sagen
so mußt du sein
    das mußt du tun
    das mußt du lassen
    das mußt du lernen
dann höre gut hin –
aber höre nicht darauf –

und wenn sie zu dir sagen
so mußt du sein
    so mußt du reden
    so mußt du handeln
    so mußt du leben
dann höre gut hin –
aber werde nicht so –

und wenn sie zu dir sagen
wir müssen anders sein
    wir müssen anders reden
    wir müssen anders handeln
    wir müssen anders leben
dann paß gut auf
damit du siehst was sie tun
damit du weißt wie sie sind
damit du begreifst
warum sie wollen
daß du anders bist

in welchem namen
auch immer
ihr die
die anders denken
verfolgt
ist mir egal
ich sehe
verfolger – verfolgte
sehe leiden
und die freude darüber

draußen ist alles
anders
nicht dieser neid
dieser haß
diese verzweiflung
draußen –
da ist alles ganz
anders
da kannst du
leben
da bist du
frei

ja wenn ich hier bin
denke ich das auch immer

kein mensch
nie mensch

massenmensch

äußerlich
nur äußerlich

menschenmassen

keine menschen –
massen

wie
buchstaben
durcheinander
kantig
krumm
wie buchstaben nebeneinander –
ohne sinn –

selten nur ein wort

laßt uns
zusammen abtragen
was auf uns drückt
uns fast erdrückt
damit wir
wachsen können
größer werden
mehr werden
werfen wir es
von uns

– aber nicht
  auf andere

laßt
herumliegen
in eurem lebensraum

instrumente
papier
malblock
und stift

und verführt euch
jeden moment
zu tönen
gedanken
worten
und bildern

statt
euch verführen zu lassen

inhaltsverzeichnis

1

seite
auf meinem weg 10
den frieden. 7
die angst vor anderen 15
die sehnsucht 27
die tage 17
eigentlich muß ich denen 23
es gibt keine 25
es kostet kraft 9
gestern abend 22
getrieben. 19
hat mich die sonne 20
ich allein 14
ich kann die gesetzmäßigkeiten 8
ich kenne das 24
manchmal 26
meine liebe 16
– nein-sagen 28
schnell noch: 29
stehen bleiben 30
stelle dir vor 1 11
stelle dir vor 2 12
stelle dir vor 3 13
und die gedanken 21
wir würden manchmal 18

2

da gehen energien 35
dein stolz auf dich 75
den kopf zwischen 64
die anderen 76
die einsamkeit 63
du bist den anderen 41
du hast angst 65
du hast aufgehört 58
du hast mir erzählt 72
du hast neben ihm 53
du hast über ihn 69
du hast viel erzählt 45
du hörst viel zu viel 46
du machst es mir 51
du meinst es 49
du merkst es nicht 38
eigentlich war alles 61
es geht auch anders 54
es ist alles nicht so 47
es ist einfach 37
es ist schwer 68
frag nicht 52
hör auf 43
ich bleibe nicht 42
ich habe gehört 71
ich komme 36
ich möchte deine gedanken 55
ich weiß daß die tür 50
ich weiß daß ich 44
ich werde verstehen 59
ich will einfach 56
ja es war 66

schade 60
so etwas 70
und dann hat sich 34
warum machst du 48
warum siehst du weg 39
was dich begrenzt 40
wenn du meine rücksicht 73
wenn du von mir 74
wenn eines tages 62
wenn ich sage 57
wir gingen schon eine zeitlang 67
zeit nehmen 33

3

die zeichen erkennen 79
draußen ist alles 87
eine gruppe jungen 81
in welchem namen 86
jeden morgen 82
kein mensch 88
laßt herumliegen 90
laßt uns zusammen 89
und die die an die macht 84
und wenn sie zu dir 85
wir werden die trostlosen 80

gedichtsein

ralf rainer reimann

gedichte 1979–1982

gedichtsein ist bewußtsein
illusionsfreiheit
selbsterfahrung
grenzüberschreitung
phantasieräume
projektionen

1. auflage dez. 81 1.– 5. tausend
2. auflage dez. 82 5.–10. tausend

altdorferstraße 14
D-8400 regensburg
gesamtherstellung:
c. h. beck'sche buchdruckerei
nördlingen
ISBN 3-923322-00-3